Alexandra Funk & Ralf Ap

Das kleine OSTER Bastelbuch

Vielseidig Verlag

Liebe Bastlerinnen & Bastler

Es gibt besondere Tage, die kommen jedes Jahr zur gleichen Zeit. Einer dieser Tage ist der, an dem die „Hasen Eier legen“, diese in kleinen Körbchen sammeln und dann für die Kleinen im Garten verstecken.

Das ist dann auch die Zeit, wo die Sonnenstrahlen die ersten Blumen im Garten kitzeln. Motiviert durch das schöne Wetter und die feierliche Zeit sollten Sie sich jetzt daran machen und das Haus dementsprechend dekorieren. Hierfür möchten wir Ihnen zur Seite stehen und haben uns witzige Motive zum Nacheifern ausgedacht. Außerdem wurden verschiedene Materialien verwendet, um etwas Abwechslung in die Werkstücke zu bringen.

Frohe Ostern wünschen

Sandy
&
Ralfi

Material & Arbeitsschritte

Notwendiges Werkzeug bei...

Moosgummi: Schere, Bastelmesser, Bügelmusterstift, Knetgummi, Moosgummikleber o. Sekundenkleber (nicht für Kinder!), Stanzeisen, Prägestift.

Tonkarton: Schere, Bastelmesser, weicher Bleistift, Radiergummi, Papierkleber, schwarzer Filzstift (besser: Tuschestift), Stanzeisen, Prägestift.

Sperrholz: Laubsäge, Schleifpapier, weicher Bleistift, deckende Bastelfarbe, Klarlack.

Übertragungstechniken

Als erstes zeichnen Sie das Motiv mit einem Bleistift von der Vorlage (im Buch) auf Transparentpapier nach. Nun auf der Rückseite des Transparentpapiers die Linien nochmals mit einem Bügelmuster- oder weichen Bleistift nachfahren. Die Seite mit dem Bügelmusterstift legen Sie jetzt nach unten auf das Moosgummi, den Tonkarton oder das Holz. Das Motiv muß seitenrichtig zu sehen sein. Mit einem Prägestift kann nun das Motiv durchgerubbelt werden. Jetzt können Sie die einzelnen Teile ausschneiden und zusammenkleben. Dazu können Sie die Originalvorlage aus dem Heft unterlegen, damit alle Teile an der richtigen Position sitzen.

Die Holzbearbeitung

Nachdem das Motiv ausgesägt ist, schmirgeln Sie die Kanten ab. Dann streichen Sie das Werkstück mit stark verdünntem Weiß oder Wasser ein und lassen es trocknen. Während dieses Vorganges stellen sich die Holzfasern auf. Jetzt schleifen Sie die Teile erneut ab, und können nun das Werkstück bemalen.

Meister Lampe

Moosgummi:	*2 mm:*	Braun (große Platte), Haut
	1 mm:	Rosé, Weiß

Material:
Wabenpapier weiß
4 Halbperlen 8 mm
4 Goldringe Ø 2 cm
1 m weiße Kordel

Schneiden Sie alle Teile 2 x aus, je einmal seitenverkehrt. Fuß-, Arm- und Kopfteil bestehen jeweils aus einem Stück. Die Wangen, Zähne und Innenohren aufkleben, bei der Nase vorher die zwei Goldringe unterschieben. Der Wabenpapierbauch besteht aus zwei Halbkugeln. Hierfür schneiden Sie zwei Halbkreise aus, klappen diese entlang der Geraden auf und kleben sie auf einem Kartonstreifen auf. Bevor die Hälften aneinandergesetzt werden, legen Sie die Kordel ein. Ebenso verfahren Sie bei den Moosgummiteilen.

Lolli Lämmchen

Moosgummi: *2 mm:* Weiß, Grau, Hell-, Dunkelgrün, Pink, Beige
1 mm: Rosé

Material: Halbperle 8 mm
Drahtherzstecker ca. 20 cm Ø
Gelbe Kordel ca. 4,5 m
kleines Stück grünes Band

Fertigen Sie zuerst das kleine Schaf komplett mit Gras und Blume an. Nun mit Fineliner bemalen und das Auge aufkleben. Als nächstes wird das Drahtherz straff mit der Kordel umwickelt. Fangen Sie mit dem Wickeln unten an der Herzspitze an und wickeln von links nach rechts. Der Anfang wird mit Heißkleber fixiert. Auch zwischendurch öfters einen Klebepunkt setzen, um das Verrutschen der Kordel zu verhindern. Dann das Ende der Kordel mit Heißkleber fixieren und mit einem Schleifchen verzieren.

Zuletzt wird nur noch das Schäfchen mit Heißkleber auf das Herz geklebt.

Das Hühnerhaus

Tonkarton:	Hellbraun, Weiß, Rot, Gelb, Orange, Rosa, Hell- und Dunkelgrau
Wellpappe:	Gelb
Bastelfarbe:	Gelb, Weiß, Schwarz

Basteln Sie zuerst alle Hühner komplett fertig. Die Sitzenden haben kein extra Kopfteil. Der Kamm wird stets hinter dem Kopf angebracht, der Schnabel über dem roten Augenteil. Bei den sitzenden Hühnern kleben Sie die Flügel vorne auf, bei den beiden anderen dahinter.

Das Hühnerhaus besteht aus vier Balken, einem Dach sowie dem Schild „Trautes Heim“. Benutzen Sie die Vorlage zum Auflegen und Zusammenkleben der Balken. Der waagerechte sitzt links und rechts hinter den senkrechten Balken, das Schild darüber. Für den Schriftzug „Trautes Heim“ nehmen Sie Pinsel und Bastelfarbe, deckende Lackmalstifte oder Pluster-Pen. Die Nägel sind ausgestanzt! Die Struktur des Holzes wird aufgemalt.

TRAUTES HEIM

Ei Ei Ei!

Moosgummi: *2 mm:* Grün, Gelb, Weiß, Orange, Rot

Material: Wackelauge 7 mm
Spanschachtel ca. 17 x 13 cm

Zuerst basteln Sie das Huhn komplett fertig. Dann aus einer großen Platte grünem Moosgummi das Gras ausschneiden. Das Huhn wird jetzt von hinten an die Spanschachtel geklebt.

Beim Gras können Sie je nach Moosgummilänge variieren. Es kann entweder direkt beim Huhn angelegt oder hinter dem Huhn herumgeklebt werden. Jetzt fehlen nur noch das Ostergras und die bunten Eier.

Fleißiger Helfer

Tonkarton: Hellbraun, Ocker, Hell- und Dunkelgrün, Hell- und Dunkelgrau, Rot, Orange, Hell- und Dunkelgelb, Olivgrün, Weiß, Hell- und Dunkelblau, Rosé, Schwarz

Material: 1 weißer Buntstift

Schneiden Sie erst alle Teile sorgfältig aus. Beginnen Sie mit dem Hasen. Legen Sie alle Teile auf die Vorlage, damit die Proportionen stimmen. Über den hinteren Fuß setzen Sie das Hosenbein, über beide dann die Hose mit Latz. Der Arm greift über den Träger. Der Hut erhält ein Loch, in welches dann ein Ohr gesteckt wird. Dahinter kleben Sie ein Stück Schwarz. Nun setzen Sie den Hut entlang der Kante auf.

Hinter die Schubkarre leimen Sie das fertige Ei mit Schleife. Beim Schleifenband wird ein Stückchen eingeschnitten (siehe Vorlage), um das Ei etwas einzustecken. Ebenso verfahren Sie mit der Hand und dem orangenem Griff. Die Margarite sitzt hinter den kleinen Steinen. Kleben Sie nun alle fertigen Figuren auf den Boden. Mit einem weißen Buntstift werden noch Lichtreflexe und Kanten angedeutet, Mund, Brauen etc. mit einem Fineliner aufgemalt.

Frohe Ostern

Moosgummi:
3-D: Lila
2 mm: Braun, Weiß, Gelb, Hellgrün, Orange, Haut, Dunkelbraun
1 mm: Rosé, Gelb, Weiß

Material:
Metallring 22 cm
ca. 3,5 m grüne Kordel
Naturbast
2 Wackelaugen 14 mm
weißes Satinband
4 gelbe Perlen

Basteln Sie zuerst den Hasen, die Blumen und die Mohrrübe komplett fertig. Die Schnurrhaare des Hasen sind aus Naturbast und werden einfach quer übereinander hinter die Nase geklebt.

Danach wird der Metallring mit der Kordel straff umwickelt. Der Anfang und das Ende werden mit Heißkleber fixiert, darüber klebt man am besten eine der Blumen. Nun kleben Sie den Hasen, die Blumen und die Karotte mit Heißkleber fest und hängen das Schild an.

FROHE
OSTERN

Bitte eintreten

Moosgummi: *2 mm:* Weiß, Rot, Gelb, Orange

Material: Sperrholz 4 mm
Naturbast
Bastelfarbe: Gelb, Rot, Weiß, Schwarz

Das Brettchen sägen Sie nach Vorlage aus, schmirgeln es ab und bemalen es mit Bastelfarbe. Schneiden Sie danach alle Teile für das Hühnchen aus und kleben es zusammen. Kopf und Füße liegen über Kamm und Körper. Aus Bast binden Sie eine Schleife und befestigen diese mit Heißkleber.

Tritt ein, bring Möhren herein!

Moosgummi: *2 mm:* Weiß, Orange
1 mm: Rosé

Material: Sperrholz 4 mm
Naturbast
Bastelfarbe: Gelb, Maigrün, Weiß, Orange, Schwarz

Sägen Sie zuerst das Brettchen aus. Nun werden die Moosgummiteile ausgeschnitten und übereinander geklebt. Beginnen Sie mit Ohren, Körper und Füßen. Darüber wird die Rübe gesetzt, gehalten von den Händen. Obenauf der Kopf. Die Augen können aus 1 mm - Moosgummi geschnitten, die Lichtpunkte mit Bastelfarbe aufgemalt werden.

Den Bast stecken Sie zwischen Möhre und Ohr.

Alles im Eimer

Moosgummi: *2 mm:* Gelb, Rot, Orange, Braun, Pink,
Hellblau, Hell- und Dunkelgrün, Grau
1 mm: Weiß, Rosé

Material: Halbperlen 4 mm
Teilbares Plastikei ca. 13 x 9 cm
1 blaue Kugel
Bast in Orange
1 m Schleifenband
ca. 5 m dünnes gelbes Band
1 Holzstab 8 mm

Zuerst den Hasen komplett mit der gelben Umrandung fertigbasteln. Nun wird dieses komplette Teil in die kleinere Hälfte des Plastikeis eingepaßt und an ein paar Punkten festgeklebt. Das Plastikei wird jetzt zusammengesteckt und wenn nötig etwas verklebt.

Weil man zu den Plastikteilen immer schlecht passende Adapter bekommt, haben wir beim Holzstab oben eine Kerbe eingesägt und das Ei mit Heißkleber angeklebt.

Damit der Ansatz nicht so sehr zu sehen ist, haben wir den Holzstab mit dem gelben Band umwickelt und eine Schleife darüber gesetzt. Als i-Tüpfelchen können Sie oben am Ei noch eine Perle aufkleben.

Ostermobile

Moosgummi: *2 mm:* Braun, Weiß, Gelb, Schwarz, Rot
1 mm: Rosé, Rot, Gelb, Maigrün

Material:
Holzrundstab Ø 5 mm
Kantenleiste 2 x 1,3 cm
6 Holzperlen Ø 2 cm
Bastelfarbe: Maigrün, Weiß
Satinband gelb
1 Schraubhaken
Bast weiß
8 schwarze Halbperlen Ø 3 mm

In die 32 cm lange Kantenleiste bohren Sie durch die lange Seite drei Löcher im Abstand 3, 13, 13, 3 cm mit einem Bohrer Ø 5 mm (je nach Stab). Auf die Enden werden Kugeln gesteckt, diese gegebenenfalls nachbohren. Soll der Osterbaum später lose im Raum hängen, so müssen Sie die Moosgummifiguren doppelt basteln (im Vorlagenbogen mit „2 x“ gekennzeichnet)! Diese werden dann mit dem Bast an die Stäbe gebunden. Bastelt man den Baum nur einseitig, können die gebundenen Schleifchen auch angeklebt werden. Die Kugeln wurden noch mit Mai- und Apfelgrün, die Leiste mit lasierendem Weiß (stark verdünnt) bemalt. Oben schrauben Sie zum Schluß noch den Haken ein und hängen Ihren fertigen Osterbaum an dem Satinbändchen auf.

Da bin ich!

Moosgummi: *2 mm:* Gelb, Weiß, Orange, Grau

Material: Halbperle 8 mm
Fineliner schwarz
Naturbast
Kunstblume
1 kl. Holzherz
Adapter mit Holzstab (Ø 4 mm)

Dieser Stecker ist ganz einfach und schnell zu basteln. Er eignet sich hervorragend als kleines Mitbringsel oder als Verzierung im Blumentopf. Zuerst das Küken komplett basteln, mit Fineliner bemalen und das Auge aufkleben.

Nun den Adapter hinten weit oben am Kopf anbringen. Den Holzstecker einschieben und unten am Küken mit Kleber nochmals fixieren. Die Bastschleife anbringen und abschließend Blume und Herz ankleben.

Blumenkasten

Material:
Sperrholz in 8 mm und 4 mm
Bastelfarbe: Goldgelb, Orange, Terrakotta, Kastanie
Haut, Rosé, Rot, Dunkelblau, Apfelgrün, Piniengrün
(Dunkelgrün), Hellgrau, Schwarz, Weiß
4 Schrauben, 4 Nägel, Holzleim

Gänse:
Moosgummi 2 mm: Weiß, Maisgelb, Orange
Halbperlen Schwarz in 8 mm, 2 x 5 mm
3 Adapter für Stab Ø 4 mm
3 x 30 cm Rundstab Ø 4 mm

Sägen Sie zuerst alle Teile aus. Der Kasten ist aus Sperrholz mit der Stärke 8 mm. Igel und Gießkanne sind aus 4 mm. Glätten Sie alle Kanten mit der Feile oder feinem Schleifpapier.

Jetzt werden alle Teile bemalt. Den Kasten streichen Sie gleichmäßig gelb an. Mit einem kleinen Schwamm „stupfen" Sie einige Flecken in Terrakotta und Orange auf. Die weißen Sprenkel werden mit der Zahnbürste aufgebracht.

Die Gießkanne legen Sie hellgrau an und schattieren einige Übergänge mit Schwarz. Gesprenkelt wird mit stark verdünntem Weiß und Schwarz.

Die Stacheln des Igels werden mit zwei Brauntönen und etwas Gelb „aufgewischt", d.h. in verschiedenen Richtungen mit einem festen Pinsel aufgetragen. Für die dünnen, schwarzen Konturen verwenden Sie einen Linierpinsel (lang und dünn). Nach dem Lackieren werden alle Teile verschraubt, vernagelt und verleimt.

Kleben Sie die Gänse zusammen und befestigen hinten die Adapter. Zwischen Adapter und Gans stecken Sie noch ein Stück Moosgummi, damit dieser gerade sitzt.

Serviettenringe

Material: Sperrholz in 4 mm

Bastelfarbe: Goldgelb, Orange, Rot, Nougat, Kastanie, Terrakotta, Rosé, Heller Teint (Haut), Erika, Ocker, Schwarz, Weiß

Zuerst werden alle Tiere sorgfältig ausgesägt. Danach abgeschliffen und bemalt.

Hahn:	Mit Gelb, Rot und Orange anlegen und mit Schwarz schattieren. Weiße Glanzpunkte setzen.
Schaf:	Das Schwarz mit Weiß aufhellen und Kopf und Körper schattieren.
Pferd:	Wird mit 3 Brauntönen bemalt und mit Schwarz schattiert.
Hase:	Erst mit Gelb anlegen, dann erneut mit stark verdünntem Terrakotta. Das Gelb sollte etwas durchscheinen! Anschließend mit Schwarz schattieren.
Kuh:	Die Punkte werden scharfkantig aufgemalt. Das Maul mit Erika schattiert.
Schwein:	Den hellen Teint auftragen. Mit ganz stark verdünntem Gelb leicht überpinseln. Dann mit Erika schattieren, anschließend nochmal mit Schwarz.

Kleiner Hase

Moosgummi: *2 mm:* Hell-, Dunkelgelb, Braun, Grün

Material: Sperrholz 4 mm
Fester Draht Ø ca. 0,8 mm
Naturbast
1 Perle
Bastelfarbe: Weiß, Schwarz, Rot, Goldgelb, Grün, Orange, Braun, Erika (Rosa)
Klarlack

Nachdem Sie Hase und Rübe ausgesägt haben, schmirgeln Sie den Rand glatt. Nun wird das ganze Holzschild mit stark verdünntem Weiß gestrichen. Sobald dies getrocknet ist, erneut mit feinem Schleifpapier abschmirgeln und dann Löcher bohren.

Bemalen Sie jetzt Hase und Rübe. Um zu schattieren, „wedeln" Sie mit dem Pinsel die dunkle in die noch feuchte, helle Farbe. Nach dem Trocknen lackieren.

Den Draht steckt man mit den Enden durch die Löcher und wickelt ihn dann nach oben. Formen Sie nun in der Mitte ein Herz und drehen dies ein paarmal um die eigene Achse. Die Sonnenblume wird zusammengesetzt und aufgeklebt. Zum Schluß befestigen Sie den Bast von hinten mit Heißkleber.

FROHE OSTERN

Viele schöne Anregungen zum Dekorieren finden Sie auch in diesen Büchern aus unserem Programm.

Tischlein schmück dich
13tolle Ideen für Feste und Partys
Heft 14x20 cm
ISBN 3-930529-25-4

13 bunte Ideen für Drinnen & Draußen
Heft 14 x 20 cm
ISBN 3-930529-11-4

Laubanger 19b 96052 Bamberg **Vielseidig Verlag** GmbH Tel. 0951/ 6 89 97 Fax. 0951/ 60 32 99